Tchad Fausny JEAN-MARY

Dans la peau des mots (Les Muses éspérantes)

Tchad Fausny JEAN-MARY

Dans la peau des mots (Les Muses éspérantes)

Recueil de poème

Éditions Muse

Imprint

Cover image: www.ingimage.com

Publisher:
Éditions Muse
is a trademark of
International Book Market Service Ltd., member of OmniScriptum Publishing Group
17 Meldrum Street, Beau Bassin 71504, Mauritius
Printed at: see last page
ISBN: 978-620-2-29779-0

Dans la peau des mots

(Les Muses éspérantes)

Recueil de poème

(Poésies essentielles)

Présenté par

Tchad Fausny JEAN-MARY

Aout 2020

Je n'attends rien de la suite de l'histoire, je dirais personnellement j'attends qu'il y aura des justes et qu'il y aura des poètes pour le dire.

Paul RICOEUR

Table des Matières

Un vers de plus…

Je marche sur les éclats de vers,

Là où se pointe la magie des mots,

Se dessinent de nouveaux horizons ;

Au moment où se dégage l'alchimie des vers

J'entends le tic-tac des mots.

Aux tambours folkloriques battants,

J'attends le tam-tam des vers

À l'autre bout de la terre

Oui, là où nous voguions vers les pratiques d'antan

Sur les rives près de la mer

Je m'inscris en pèlerin,

En véritable voyageur

Pour amasser çà et là les morceaux de vers,

Rapiécer et unifier chaque morceau de cœurs,

Afin de réunifier

Même dans la diversité

L'âme de tout être humain.

Là où s'écrasent les vers

Là où brille le soleil,

Là où se produisent des poèmes

La littérature se déguise en vert

Là où les rimes font des merveilles

Les vers eux mêmes font du tonnerre.

Dans la grande folie des mots

Et dans l'ivresse infinie des vers

Quand les lettres tiennent aussi haut le flambeau

Le poète se doit donc de refuser le doux

Et accepter l'amer

Voguer dans la nature,

Papillonner même sans sou

Pour contempler la magie de l'univers

Ôter les chaussures

Et marcher à pieds nus

Sur les éclats de vers

Et d'en sortir vainqueur

Sans vraiment eu

Aucune égratignure

Pour qu'enfin par les vers

Les cœurs ne chantent que du bonheur...

Et si nous disions comme ***FRANKETIENNE:***

"Si la littérature ne nous donne pas à manger,
elle nous Permet au moins de cultiver un champ de blé
Dans lequel nous tirerons notre pain"
N'est-ce déjà pas bien ?

Alors, chantons et dansons aux rythmes des vers

Réjouissons avec les couleurs des mots

Buvons le vin des sens

Consommons les syllabes,

Mangeons les délices des consonnes et des voyelles

Et cueillons donc les fruits du bien-être de l'esprit.

Dans le vaste ciel de la littérature,

Les lettres d'art sont des étoiles

Qui scintillent et brillent du matin au soir.

Dans le monde exemplaire de la poésie

Les vers sont gravés en lettres dorées

Et si dans l'univers des grammaires

Les règles sont reines

Au royaume sacré de l'écriture poétique

Sont bien Rois, les mots à sensation unique...

Là où les vers s'affrontent

Le poète se ferme dans l'âme prisonnière des mots

En espérant la victoire des lettres

Il cherche à percer le mystère du beau

Avec une plume de bouclier

Et une encre de justicier

Il s'est fait défenseur des plus décriés

Tenant une torche allumée

Au beau milieu de la journée

Le poète se cherche

Il se décherche...

Se mécherche

Voire se recherche...

Dans un monde où il se croit perdu,

Noyé dans l'océan des sensations

Plongé dans l'immense fleuve de l'imagination

Erré dans un bouillonnement d'illusion,

Contaminé de la grave maladie des lettres

Atteint enfin, de la plus pure des folies

Qu'est l'immense folie de l'esprit

Le poète rêve et décrit ses rêves sur une table en papier

Les exposant au vu et au su d'un monde singulier

Oui, celui des dévoreurs de pages
des grands acheteurs d'ouvrages

Mais qui donc est le Po-ète?

Sinon qu'un magicien

Un petit génie de l'imagination

Qui, à la manière d'un Go-ethe

Doit tout de même faire le bonheur des siens

Tout en s'enflammant du feu des plus grandes passions

Le poète, étant Jonché d'augustes réflexions,

Enflammé d'idées lumineuses

Épris de concupiscence et de bon sens

Enivré d'imagination et grand liseur de cœur

Éternel contemplateur des êtres,

Et un illustre guérisseur de l'âme,

N'est-il pas un rescapé de *l'enfer-paradisiaque* du monde de l'écriture ?

Qui donc diable est-il ?

Sinon qu'un passionné de beaux-arts

Qui peint de mille et une couleurs

Un monde aux lumières-obscurcies

Aux nombreuses perles ondulantes

Là où tout se brise,

Tout se brûle

Tout se débrûle

Au cœur d'un monde qui se cherche

Le poète n'est au fait qu'un créateur de sens

Porteur d'amour et d'espérance.

Dans sa vision malencontreusement contagieuse,

Les pensées se fructifient,

Et les vers sont en furie...

Un vers de plus,

Et le jardin du monde refleurira;

Un pas de plus

Et la vie ressourira.

Un vers de plus

Et l'être humain fraternellement se reconnaitra

Il ne s'entretuera point,

Et s'aimera indéfectiblement !

Un pas de plus,

Et Les fleurs de la joie, refleuriront,

Et ne point se fâneront!

Un vers de plus,

Et la source de l'amour á jamais, rejaillira!

Les arbres épouseront la lune,

Et le ciel couvrira la terre de ses beaux draps;

Un pas de plus,

Et Les étoiles seront bons voisins de la terre,

Les oiseaux nageront

Les poissons marcheront sur terre

Et se feront du même coup habitant des nuées...

Alors couronnons les belles lettres

Et saluons donc les efforts des poètes;

Qu'ils soient donc élèves ou maitres..!!!

Tchad Fausny Jean-Mary, pour l'amour et la fraternité universelle ...

- Le jour viendra !

- Pour l'amour et la fraternité universelle

Le jour viendra,

Un seul suffira

Pour accéder á la victoire

Et redonner enfin, l'espoir...

Le jour viendra

Où la nature nous acquittera

Où nos jours ne seront point noirs

Et á la liberté réelle, nous ne cesserons point d'y croire...

Le jour viendra

Où le feu de l'amour réchauffera,

Et permettre aux étoiles de briller tous Les soirs

Un jour viendra

Où nous ré-cultiverons le Jardin de l'égalité

Oui, là où nous re-défendrons l'étendard de la liberté

Pour enfin se reconnaitre tous dans l'éternelle fraternité...

Oui, le jour viendra,

Où nos cœurs seront libérés de la haine et de l'hypocrisie

Où les étoiles brilleront avec joie

Dans la plénitude démesurée d'un ciel généreux comme jamais...
Oui, le jour viendra !

Et un seul suffira ...

pour l'amour et la fraternité universelle.

La chanson á l'unisson que chantent les oiseaux...

Je m'en vais sur Les vagues de l'existence,
Pour voguer vers le rendez-vous
que j'ai avec moi-même
Et avec la romantique histoire.

Je m'en irai vers le Jardin de la nature
pour concerter avec les arbres,
Parler la langue des feuillages
Et danser au joli concert des oiseaux,
Qui chantent mélodieusement la chanson de l'unisson.
Une chanson dont toute l'humanité devrait fredonner
Afin de redonner vie á la corde lumineuse de la fraternité.

Je m'en irai vers la sombre grotte de la paix,
Parlementer avec les sereins valets,
Tenant pour armes les lances de la loyauté,
Le sabre du silence et Les colonnes de l'harmonie.

Je m'en irai vers la loyale et juste demeure de la justice,
discuter avec Les indulgents juges de l'impartialité,
Ayant Les boussoles de la raison
pour trancher aux camps de qui de droit.

Je m'en irai vers le calme habitat de l'amour,
Baiser avec la déesse Jupiter,
Epouser la diva de la terre,
Pour enfin faire naitre Les progénitures de l'espoir ...

Je m'en irai vers l'éléphantesque demeure du ciel,
Me plaisanter avec les étoiles,

Courtiser la lune pour sa beauté sans égale
Et faire comprendre au nuage,
La préoccupation sensationnelle de la vie sur terre...

Je m'en irai promener avec le vent
Jusqu'á la demeure sensitive du dieu Soleil,
Me baigner dans Les eaux sensationnelles de la rivière
Pour ensuite faire voile vers la mer
Afin de dialoguer avec les poissons
Et les autres animaux
Dans un esprit de fraternité et d'amour universel ...

Ma tendre Amie !

C'est sur l'avenue de la vie

Que j'ai rencontré pour la première fois ma tendre amie

Qu'est la nature.

Cette belle et douce protectrice

M'a nourri de ses seins si doux

M'a protégé et logé

O Combien est-ce que je la suis redevable !...

Elle qui me donne Les arbres,

Les fait grandir pour assurer ma fraicheur,

dûe á leur ombre mirobolante ...

Ces arbres me donnent presque tous des délicieux fruits

Que je déguste avec plaisir...

Elle m'offre en partage l'éclatant Soleil,
qui á son tour, m'offre son éclatante lumière
Pour éclairer le jour
et pour éclairer du même coup nos cœurs
...Enlever la poussière
Et élimine subtilement la laideur
des corps inouïs et dédains ...

Elle m'offre le doux vent,
qui m'inculque un souffle nouveau
et un impétueux besoin de liberté
parfois de solitude mais surtout d'amour

car je sens parfois qu'il me caresse,
comme la main d'une déesse
qui chatouille ma chair
dans Mon grand besoin érotique ...

Elle m'offre, aussi cette poésie
qui souffle sur moi un vent de passion
voire du délire,
une folie exceptionnelle
qui se hâte de me tailler
un destin extraordinairement maladif
qui sur le corps, d'un inguérissable romantique
règne le charme d'une splendeur inimaginable et éternelle ...

-Je vois venir...

Je vois venir,

Un ciel nuageux

Un Soleil aux aspects inordinaires

Une lune brûlante aux traits anti-réactionnaires

Une pluie torrentielle au visage révolutionnaire

Et une nature irritée qui enfin, a horreur de la méchanceté,

De l'impunité et de la criminalité.

Je vois venir une atmosphère

Aux airs toxico- fraternels

Une eau à saveur amère

Une terre fatiguée de la misère

Et des déboires des fruits de ses entrailles

Un feu dévorant sans égal,

Qui allume de toute son âme

Et dont la flamme

Ne Donne pas l'air amical...

Je vois venir,

La discorde en Cascade

Entre Les astres et des anges noirs

Où le ciel ne peut s'arrêter d'humilier la terre
En giflant Les habiles mercenaires
Au gré d'une mémoire de mascarade.

Je vois venir
Une nuit de terreur
Où les endormis auront peur
De se réveiller
Pensant que Les griffes du jour sont féroces
Ainsi, ont-ils peur de se faire dévoré
Par le feu de la Haine et de la vengeance démesurée ..

Je vois venir
Une rencontre fiévreuse
Entre le jour et la nuit
Un frottement lapidaire
Entre pair contre les impairs
Un aller retour sanguinaire
Dans un espace forfaitaire
Sans guide, sans titulaire

Ô pays tributaire !
Au Cœur d'une humanité trinitaire,

Sans but, sans ferveur,

La jungle fait encore loi

Sur ton précieux trône

Quand le végétal

Contraint l'animal

De s'abstenir dans l'abjecte misère,

En végétant près de la frénétique rivière.

Ô combien, l'Existence est tortionnaire!

Ceci est clairement clair,

Une révolution est donc dans l'air

Et elle s'éclatera comme un fâcheux coup de tonnerre ...

Tchad fausny Jean-Mary, Port-au-Prince,le 6 février 2019...

-Voguer vers la mort...

A Mes "boat-people" de frères...

Ils voguent précocement vers la mort, Hélas sur Les sombres vagues de L'existence !... (Nous sommes le pays aux malheurs infinis)

Ils voguent précocement vers la mort, Hélas !

Sur les sombres vagues de L'existence,

Mes boat- people de frères …

Pour se faire une vie,

Ils fuyaient enfin cette misérable vie

Ils cherchaient une issue

Une issue hélas, qui s'ouvrait définitivement vers le néant,

Un néant qui les permet de Voyager indéfiniment vers l'orient ...

Ils avalaient avant l'heure,

Leur acte de naissance

Ils déchiraient contre leur gré,

Leur archive vital

Pour avoir commis l'ultime péché

De vouloir une vie autre

Que celle que nous a forgé

Les polichinelles de politiciens ...

Ironie du sort !

Ils allaient chercher la vie

Et tout ce qu'ils trouvent, c'est la mort

C'est ainsi que leur destin de malheureux a été tracé...

A peine montés á bord,

Les vagues furieuses de la mer

Les ont cueillis

Et les bras affreux de la mort,

Les ont dangereusement accueillis

C'en est ainsi,

Nous sommes le pays

Aux malheurs infinis...

Ils sont partis pour jamais

Par un malheureux et Misérable trajet

Espérons qu'ils trouvent enfin la Paix !

Oui ! Cette paix,

En effet,

Qu'ils cherchaient sous notre malheureux soleil...

Si la mer,

Ne Les a point été Légère

Espérons enfin, que la terre,

Leur soit légère!

-En hommage á mes frères qui ont trouvé la mort en allant pourtant chercher la vie.

-Liberté emprisonnée, Dignité empoisonnée !

-Le Rêve Haïtien s'est depuis, changé en long et terrible cauchemar)

Je viens verser mes pleurs

Sous cette île dénudée

Là où le vent ne flotte que

Si ce n'est pour faire pleurer

Des fils baignés de sang
Des demains entrelacés
Des mains entremêlées
Aux cœurs entortillés
Liberté emprisonnée,
Dignité empoisonnée !

Ô belle Île intoxiquée!

Je te verrai encore la chaine aux pieds,

Quand ils refilent encore le coton de nos Aïeux

Trop vertueuse pour être déshonorée

Mais aussi trop belle pour ne pas être enviée

Par des conquérants tumultueux

Aux Cœurs pervers

Et aux bras criminels...

Nous en avons bien le ras-le-bol !

Quand aujourd'hui encore la misère rempli nos bolles

Et quand surtout nous subissons encore les ignobles lois de la Métropole.

Quand aujourd'hui encore et encore le monde est trop lourd pour nos épaules...

Ô belle femme mille fois violée !

Au Cœur d'un monde sans pitié,

Nous voyons encore ton intégrité,

Deux cent millions de fois bafouée,

Par des mercenaires aux visages étrangers

Et par des forfaitaires aux corps familiers ...

Liberté emprisonnée,

Á la dignité empoisonnée…

Ô mère indomptable !

Tesősséchables de plaies

Semblent être monstrueusement inguérissables...

Quand deux cent 16 ans après

Ton Cœur saigné,

Ton âme mille fois poignardée,

Ne peut encore être soignée.

Ménage á la famille reconstituée,

Terre de trahison incalculable et incalculée ;

Quand notre défavorable climat reconnaitra un ciel étoilé

Et des journées béatement ensoleillées ?

Notre douce paix a été liquidée

Aux simples marchands venus de nulle part,

Vilipendée contre de l'argent,

Par de sales signatures.

Oh mère nature !

Jusqu'á quand seront-ils matures ?

Jusqu'á quand nous reconnaitrons enfin,

Cette joie indélébile,

Que nous connaissions du temps des Aïeux?

Passé glorieux,

Présent tortueux,

Futur de pitié ;

Liberté ensanglantée,

Fraternité envenimée,

Valeur stupidement emboitée,

Ventre crevé ;

Tête vidée,

Notre liberté a été stupidement assassinée ...

Dignité empoisonnée,

Liberté dix milles fois emprisonnée !

Quel sort t'a-t-on donc jeté,

Pour que tu te lies autant avec la cruauté?

La cour de ta haute demeure est désordonnée

Et se voit piétinée par l'insanité

De quelques âmes criminelles...

Oh douce mère !

Ta lumière a été vilainement obscurcie,

Et ton estime est cruellement mésestimé ;

Aujourd'hui tu n'as plus de mérites,

Si non que ceux qui appartiennent au Mal...

Liberté emprisonnée,

Honorabilité bêtement vilipendée !

Ô colonne centrale !

Des demeures Noiristes,

Arbre mère du jardin de l'humanité,

Ô combien tu as la nostalgie des jours heureux !

Ta Patrie est donc Perdue.

Tu as encore cette grande soif de liberté,

Femme au Cœur brisé.

Et aux âmes maltraitées ...

Mère de la liberté rejetée,

Porte étendard des droits humains ;

Tu t'es trouvée aujourd'hui entre de très mauvaises mains ...

Hélas ! Le rêve haïtien

S'est depuis changé en long et terrible cauchemar;

Liberté emprisonnée,

Dignité empoisonnée !

-Les musiciens de la Peur…

-Pour la paix et la fraternité vraie !

Dans la plus grande des stupeurs,

Les gens ont vécu leur terreur.

Quand ce n'est pas la misère qui fait fureur,

C'est l'insécurité orientée qui fait frayeur,

C'en est bien l'extrême malheur.

Dû aux méchants manipulateurs,

Et au sein du peuple c'est la torpeur.

Quelle horreur !

La ville est sombre,

Les esprits sont plongés dans la pénombre,

Les instances concernées sont dans l'ombre,

Et c'est le comble !

Les maîtres du pays font des recettes,

Ils sont en train de sonner la trompette.

Ils font la fête,

Et grossissent malheureusement nos têtes.

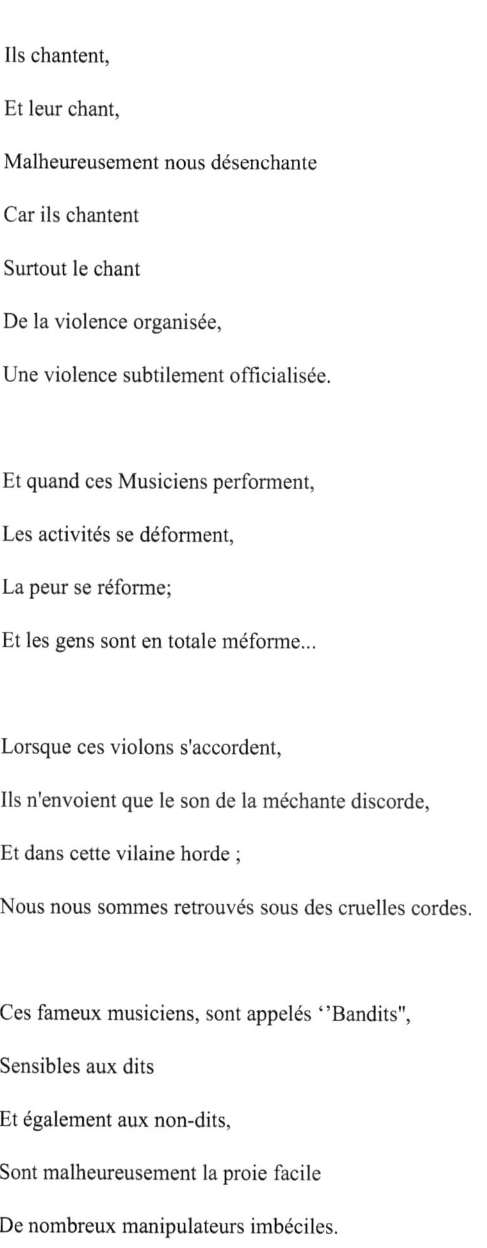

Ils chantent,

Et leur chant,

Malheureusement nous désenchante

Car ils chantent

Surtout le chant

De la violence organisée,

Une violence subtilement officialisée.

Et quand ces Musiciens performent,

Les activités se déforment,

La peur se réforme;

Et les gens sont en totale méforme...

Lorsque ces violons s'accordent,

Ils n'envoient que le son de la méchante discorde,

Et dans cette vilaine horde ;

Nous nous sommes retrouvés sous des cruelles cordes.

Ces fameux musiciens, sont appelés ''Bandits",

Sensibles aux dits

Et également aux non-dits,

Sont malheureusement la proie facile

De nombreux manipulateurs imbéciles.

Puisqu'ils sont vulnérables,

On les utilise à des fins exécrables.

Ce n'est qu'une méchante folie,

Dûe à l'indigence d'esprit

De nombreux politiques vils,

Pour mettre en branle toute la ville.

Ces armes retourneront tôt ou tard

Contre ces cruels bâtards,

Car celui qui creuse une fosse, forcément y tombera.

C'est ce qu'on a semé, qu'on récoltera

C'en est ainsi, la juste loi du karma...

Tchad fausny JEAN-MARY,missionnaire engagé pour la paix et l'harmonie

-En mémoire Des policiers tombés dans l'exercice de leurs fonctions)

Le jour perd ses pieds

"" *Le jour perd ses pieds,*
quand surtout il assiste
aux funérailles quotidiennes des policiers,
Quel malheur!""

Chaque jour, le jour perd ses pieds

Au jour le jour il avale ses dents

Et pleure de toutes ses larmes

Quand surtout il assiste aux funérailles des policiers

Qui tombent malheureusement sous l'effet des projectiles d'acier...

Ses yeux sont rougis

De tristesse,

Ses corps sont pétris

De douleur,

Et son cœur est contrit,

Définitivement Les membres de la vie sont pétrifiés...

La vie pleure,

Alors que la mort fait la fête.

Quel sinistre contraste !

Ô mort !

De combien de policiers, seront-ils encore ?

Ces héros des communautés

Qui se donnent corps et âmes

Dans une lutte sans merci

Afin de protéger la cité...

La lutte est fratricide

Les policiers baisent avec la mort

Et dans un dangereux corps á corps

Ils se font complices d'un dialogue acide...

Ils tombent comme la pluie

S'éteignent comme l'éclair

Pour définitivement errer

Dans les ténèbres incessantes de l'enfer

On les entend désormais parler que dans la tombe

Et alors on ne peut que saluer tristement
Les nouvelles morts des hécatombes...

-En mémoire Des policiers tombés dans l'exercice de leurs fonction

Ces pilules cancérigènes...

Ces pilules cancérigènes
Qui pullulent dans nos murs et nous gangrènent;
Ils sont bien des bâtards,
Ces sales et ignobles politicards...

Ces sales ignares
Entachés de grands tares
Oui, ces vils mécènes
Aux intentions plus que malsaines
Qui nous inculquent des tragiques scènes
Je les connais,
Et je les hais !

Ces vulgaires et stupides imbéciles,
Qui, à l'horizon de la République se profilent,
Et qui sous les yeux des urnes se défilent ;
Oui, ces assaillants qui s'empilent !
A l'entrée et qui manipulent,
Afin d'amener la société à son péril.

Et qui sont- ils,

Ceux qui sèment dans la ville,
Le trouble ?
Quels cœurs ont- ils
Ceux- là qui nous infligent la peur au double ?
Deuil par- ci,
Des grincements de dents par-là !
Et graves sont donc nos cas ...

Des malpropres aisés,

Associés à des gangsters officialisés,

Et des criminels immunisés ;

Créent le plus grand laboratoire de crimes et de misères.

Ils font de ce pays un enfer,

Et infligent aux sans défenses une vie de fer.

Ils institutionnalisent l'oppression,

Et Pérennisent du même coup notre malédiction ...

Ces mains toxico- nucléaires

Qui empoisonnent dédaigneusement notre air

Et rendent irrespirable tout l'atmosphère

Maudits soient- ils,

Ces merdeux mercantiles !

Ces sales et petits rongeurs,

Ces moins que rien de pillageurs,

Ces mauvais cancres,

Qui s'ancrent

Dans les profondeurs des boues puanteuses

De la République qu'ils ont eux- mêmes détruits ;

Ces hommes menteurs qui s'abîment

Dans cet abîme

Qui non seulement n'a pas de nom,

Mais également qui dit non,

À tout ce qui est louable et bon;

Ces grands et horribles vagabonds.

Ces monstrueux cafards,

Ces vilains et sordides roublards,

Ces fils honteux de la Révolution,

Ces tueurs malhonnêtes des rêves de réalisation et de l'intégration ;

Ces mouches à merde qui prolifèrent

De ces excréments dont ils ne peuvent se défaire,

Eclaboussent la cité

Dans toute sa sphéricité.

Ces sanguinaires de premier ordre,

Qui sèment dans la société le désordre

Ces malveillantes fripouilles

Qui aux couilles,

Nous foutent la trouille

Je vous ai bien en horreur,

Sales et monstrueux maitres de terreur ...

Ces scandaleux voyous

Aux âmes abjectes de cailloux

Qui pataugent dans la politique de la boue

Oui, ces méchants loups

Aux cœurs de loup-garou

Je ne vous loue,

Mais au contraire, c'est sur la croix de la JUSTICE que je vous cloue...

Ces sales cons
Ces vieux barbons et cochons

Ces canailles de la bourgeoisie

Ces malfrats qui méprisent la paysannerie

Ces racailles qui ne font que de la fantaisie

Et qui font semblant d'ignorer la vraie poésie

J'atteste,Que je les déteste…

"Je ne crois pas au père Noël."

Une misère sensationnelle à Noël

Je ne crois pas au père noël

J'en ai marre de ce chantage traditionnel

On ne peut plus superficiel.

Ce n'est que du sensationnel

Conduisant bien des fois aux pratiques démentielles ...

Je refuse ce tonton, ou père qu'on appelle

Si couramment Noël...

La noël,

C'est la monotonie annuelle

Une sorte de cacophonie passionnelle,

Oui ! Une forme de répétition perpétuelle

Un mythe, si vous voulez une histoire irréelle

Menant les gens à des dépenses irrationnelles

Ce n'en est qu'une fabulation obsessionnelle

Démagogiquement exceptionnelle ;

Primo, elle donne l'air d'être prométhéenne

Pourtant, sa suite est épiméthéenne…

Je refuse donc cette maligne exigence terrienne .

La noël n'est ni essentielle

Et encore moins existentielle

Elle n'est que tendancielle

Elle est très séquentielle

Et anti exponentielle

Je déteste la Noël

Je réfute cette idée de noël

Cette imposition pastoro- politicienne

Cette sale manœuvre occidentalo- chrétienne ...

Une démagogie, une farce magicienne

Une construction lilliputienne,

Un joli casque, ou si vous voulez un masque criminel

Servant de couverture à la misère humaine

Étant beaucoup trop inhumaine ...

Je déteste l'époque dite "Noël"

-Le tam-tam nègre

Je traversais la rivière
Et j'empruntais le doux sentier
Amenant à la verdoyante colline
De ma tendre terre natale,
Soudain, une brute mélodie
Me retient le Cœur
Et du même coup, j'avais des fourmis dans Les membres
Des papillons dans le ventre
Sans plus tergiverser,
Je me dirige vers ce lieu
Qui m'a tant attiré
Oui !vers cette familière harmonie
Qui m'invite á escalader les sentiers

Ô le son me guidait
Jusqu'au Petit tonnel
Où le tam-tam se battait
Oui ! Là où les reins se brassaient
Des gouyades par-ci
Des ramassades par-là
L'ambiance était fiévreuse;

Sans extravagance,

Le concert était d'une beauté indomptable et inégalable ...

C'est une forme de retrouvaille

Qui n'est pas moins identique

Qu'au retour á la source.

C'est le tambour,

Ni plus ni moins que

Le tam-tam nègre.

L'instrument était monstre

La musique qui en découlait

Donne la chaire de poule

Et tient Les danseurs dans une

Ambiance de fraternité historique

Les batteurs investissent toute leur énergie.

Les torses nus,

Les sueurs coulent comme l'eau des ruisseaux ....

Les danseurs se déchainent

Les mouvements se défilent

Les tambourins sont comme pris

Par une sorte de frénésie ;

Les hanches de négresses se déambulaient

Sous les yeux charnels des flâneurs locaux.

Les reins des nègres se déployèrent

D'un coup, une ronde fut constituée

Comme si c'était la bande á BOUKMAN

Qui organisait la cérémonie HISTORIQUE du bois caïman.

Il n'ya pas comme toi,

Instrument simple qui propageait

Une musique nègre pleine de saveur

Á toi et á toi tout seul,

Tu chambardes la foule,

En propageant l'ivresse d'un son naturel et gai

De toute nature et de toutes les couleurs.

Nous sommes unanimes

Á reconnaitre ton coté rassembleur.

Par ta musique irréstiblement sauvage,

Unificatrice et révolutionnaire.

Toi, aimant ingrédient !

Elément indispensable á l'âme négresse,

Tu n'es pas une berceuse,

Mais tu caresses nos Cœurs

Et fait bouger nos chairs

Comme la main d'une mère

Caressant son enfant Chéri;

Et réveilles á la fois notre conscience

Qui dormait dans le lit honteux

Et criminel de L'ESCLAVAGE des prédateurs étrangers

Á la cause humaine aux cœurs diaboliques.

Comment donc ne pas chanter

Ta grande utilité historique

Et ton infinie bonté,

Dans ce vieux poème composé

Pour te rendre hommage.

Toi, instrument fortifiant !

Il suffit de te frapper,

Pour que le nègre se sente concerné !

Oui ! Pour que le faible nègre se sente ré-fortifié !

Et par là pleinement trouver son identité

Et son essence dans l'océan humide

Et discriminant du monde.

Ô Père aimant !

Ta musique nous fait respirer la révolution,

La lourdeur de ton doux son

Nous inculque la justice et la fierté d'être.

Ton harmonie nous véhicule un message d'espoir

Et nous aide toujours á faire la difficile liaison

Du pouvoir et du vouloir

Au carrefour singulier de L'histoire.

C'est pourquoi,

J'en ai marre aujourd'hui de ce volcan musico -Occidental,

Oui !ce vulgaire carcan qui nous aliène ;

Et nous porte á oublier nos racines

Par la folklorisation de notre folklore

Passant par le rejet de toi,

Notre tam-tam nègre,

Notre âme de conscience ...

La paix et la peur ne se riment pas

Si la paix nous anime

Le feu de la haine nous envenime

La peur nous désanime

Et par là nous déprime.

C'est pourquoi demain matin, au lever du Soleil,

Je m'en vais m'expliquer á la lune

Et á la tombée du soir,

Je m'en vais discuter au Soleil

Pour savoir pourquoi mon pays fait nuit

En plein jour, et fait jour en plein néant.

Là où le Soleil ne luit

Que sur les ordres du dieu de la guerre,

Lequel dieu ayant toujours soif du sang

Et de la chair humaine.

Le fouet de la criminalité délibérée

Tranche La peau de nos âmes

Et fissure dangereusement

Les murs insolites de nos corps.

Nous vivons plus dans la fratrie,

Dans cette malheureuse Patrie

La terre boit le sang.

Le feu de la haine déchire l'innocent,

Et á tout bout de champs,

L'air empoisonne ses propres progénitures.

Et l'eau, hélas emporte sans raison, ses enfants de nature ...

En effet je vais m'entretenir aux anges du bien

Au palais titanesque de l'amour

Pour en savoir long sur l'état dégradant des choses.

Oui ! J'escaladerai les montagnes sacrées de la vie

Pour entamer un pèlerinage de plus de mil jours,

Afin de demander " Grâce "

Pour mes frères qui pondent le mal,

Pitié pour les tueurs de la vie !

Et Les vilipendeurs de l'amour.

Je demanderai pardon,

Je prierai de toutes mes prières.

Je consacrerai mon Cœur

Pour la résolution,

Et la grande résurrection.

Je m'investirai de toute mon âme,

Et de toutes mes forces,

Pour cette sauvegarde Vitale á la vie elle même.

Je convoquerai tous les saints et toutes les vierges,

J'implorerai le Dieu de la pitié

Afin qu'il sauve la vie

Et l'ôter du même coup

Dans la gueule déchirante et cupide du dieu de la mort

Ayant toujours soif du corps tombé dans l'inertie,

Mais jamais de l'amour.

C'est tout aussi vrai et sincère que le ciel

Que la paix et la peur ne se riment pas,

Alors il faut donc bien changer de paradigme

Afin d'instaurer un autre Univers

Passant par ces quelques vers

Clamant la paix et non la guerre…

-J'attendrai que le Soleil se lève...

J'attendrai que le Soleil se lève
Pour lui expliquer ma misère,
J'attendrai que la lune apparaisse son précieux visage
Pour lui expliciter Mon doux secret,

J'attendrai que les nuages se dégonflent
De leur étonnante sombreur
Pour leur expliquer mes frustrations...

Je n'attendrai que les étoiles
Pointent leur nez
Afin de les chuchoter aux oreilles
Mes interminables espérances

Oui ! Je n'attendrai que le ciel
Ouvre ses grands yeux
Pour lui confier mes regrets

J'attendrai que le jour se lève
Pour lui dévoiler mes peines
J'attendrai que la nuit tombe
Pour lui expliquer mes déboires

J'attendrai que les plantes se bourgeonnent

Pour leur expliquer la famine

De mes pauvres concitoyens

Cette fois-ci, je n'attendrai pas,

Je descendrai plutôt

Dans les profondeurs de la terre

Pour questionner respectueusement

Notre mère á tous qu'est la terre

Sur l'état dégénérescent de ma cité

Je lui signifierai dans un langage très précaire

Notre pauvre prière,

Afin qu'elle soit clémente á notre misère.

J'attendrai que la nature sorte enfin

De son long et interminable sommeil

Pour lui questionner

Sur les situations plus que précaires

De notre fâcheuse terre

Et j'espère
Qu'elle soit á même

De m'expliquer aussi clairement que possible ces calvaires. J'attendrai !!!

-La musique des mots

Dans la noirceur de la nuit,

Les Princes du jour,

Sous l'égide des princes des ténèbres,

Sondent les instruments des lettres

Pour parvenir enfin á la musique des mots

Á l'aube du matin de l'écriture…

Quand la terre est sombre par faute de poétique

Cela va de soi que le ciel est en larmes romantiques,

Car ils sont en dépit de leur distance, frère et sœur ...

Dans la cathédrale de l'existence littéraire,

Les mots couronnent l'imaginaire,

Chaque lettre donne un son.

L'ensemble porte l'harmonie,

Une harmonie qui fait tourner la langue

Pour enfin faire émerveiller le langage

Et fait tourner la tête des amoureux de lettres.

L'être humain tel qu'on est,

Devrait au moins suivre de tels exemples

Car bien des fois les choses nous enseignent

Et ce, à bien des enseignes.

La pierre littératurale

Est en certain sens, une Pierre philosophale

Qui donne á la vie scripturale

Un sens beaucoup plus triomphal

Les mots font raisonner

En éclatant par millier,

Les belles pensées.

Qui peut oser nier,

Leur indispensable utilité?

Si j'ai senti bien avant de penser

C'est parce que les mots dans mon Cœur

Se propagent á leur manière

Dans le sang sensationnel

De l'alphabet naturel

Qui est en nous,

En ayant leur emprise sur nous…

Les mots nous font danser,

Nous font chanter,

La douce et sauvage musique de la parole ;

Sans être en proie parfois, aux serviles protocoles ...

Quand le Rêve

Prend la place du réel

Et lorsque la vie fait naitre l'idylle

La poésie met du beurre sur les épinards

Les sucres sur les bonbons du Cœur

En ornant la pensée de fleurs

Qui jadis, retrouvées

Dans les jardins suspendus

Au tout début de l'humanité romanesque.

Quand la covid 19, se manifeste

Quand la covid 19,
au plus haut point se manifeste
l'empire humano-mondain s'affaisse
L'occident ne sait où poser les fesses
Car en réalité le temps presse
Et l'escadron de la mort, sans cesse s'empresse

Les prévisions macabres
Les vains et dangereux palabres
De toute part, nous accablent
Sans oublier la fameuse presse
Qui, sans pitié, nous oppresse.
Sans conteste,
Nous sommes enclins à de futiles et absurdes tests

Les prétendus maitres du monde s'affolent,
Ils profèrent de vaines paroles.
L'agent biologique sciemment créé
Leur donne du fil à retordre
Les grandes victimes ne cessent de crier
Et partout, c'est le confinement du désordre…

C'est un véritable scandale

Où le nœud gordien se perd dans les dédales

Morte, est la mère morale

Et les tentatives, sont de que dal

Les causes qui devraient causer

Et faire causer

Est en toute cause,

La cause incausée.

Nous sommes pris,

La cause de la cause

Est décausée et mécausée

Elle est noyée et cachée dans le mépris.

Il ya anguilles sous roche

Il nous faut pour une fois, nous redéfinir

Pour savoir si encore nous sommes,

Ou si nous ne sommes que des bêtes de sommes.

Il nous faut pour une fois, re-savoir

Si vraiment nous voulons être ,

Ou si nous voulons sombrer dans le mes-être l'extrême anti être…

-Message à l'humanité suspecte

-Le poème traqué

Je traque la peau du poème
Avec le sang de ma plume
Pour l'emmener au creuset de mon âme ;
Sur une feuille d'amour
Mes pensées se voguent
Dans l'infinité de mes rêves
Qui pointent vers le soleil de minuit
Pour se réveiller éveillé.

Chatouillant le Corps mirobolant
Du poème des mil ans,
Je décroche le sourire des astres,
Pourtant ce n'était que balbutiement
De ce que devait recevoir un cœur
Hanté par la magnificence des sons
Trainés par l'énergie libidinale
Des concordances panégyriques…

Je pérore sur le tronc des mots
Au cœur même de l'esprit d'un texte
Qui trace une voie infinie

Dans l'infini des sentiments

Qui se perdent dans les yeux de l'amour ...

Je caresse les cheveux des phrases

Embrasse leurs joues radieuses

Pour se voir sous un joug radieux

Et pour construire quelque chose de vertueuse

Toute l'âme du poème traqué,

Est lumière.

Il est fait de marbre,

De pourpre et de pierre,

C'est un trésor inépuisable.

Sclérosé dans l'absolutisme,

Pour se faire exister sans exister,

Je papillonne sur les fleurs de l'existence,

Butiné afin de reproduire le miel

Du poème longtemps tué

Par les assassins des lettres...

Dans mes interminables dialogues

Avec les mots

Je me rends ainsi compte

Combien étaient- ils tristes,

Ces jolis êtres,

Laissés pour compte !

Oui ! Ces jolis instruments

Jetés dans la folklorisation des misérables ...

Ô combien est misérable,

Le sort poético- poétique !

Néanmoins on ne peut nier que dans le tragique,

Dérive très souvent le romantique

Le poème est traqué ...

Universellement c'est l'heure !

C'est mon heure,

C’est ton heure,

C’est son heure,

C'est notre heure,

C’est votre heure et c'est leur heure...

Universellement c'est l'heure!

C'est mon heure,

Si maintenant je pleure.

Demain sera ton heure,

Et après-demain sera son heure.

La somme de ces heures

Fera un jour notre heure...

Si aujourd'hui il y a de la joie dans mon cœur,

Tu peux être sûr que c'est mon heure;

En ce qui concerne ton heure,

Elle ne prendra pas trop de longueur.

Car chacun dans la vie a son heure

Qu'elle soit l'heure

Du malheur ou du bonheur !

Si demain tu es comblé de bonheur,

Sois certain que c'est ton heure !

Et un jour viendra où ce sera son heure.

L'ensemble de ces heures,

Donnera un jour l'heure de toutes les heures.

Oui! Universellement ce sera l’heure.

Car ce sera à tous notre heure,

Notre vraie heure.

Ce sera l'heure

Où tous les prétendus d'être supérieurs

Reconnaîtront enfin leurs stupides erreurs.

Oui! Ce sera l'heure,

Et ce sera l'heure de toutes les vraies valeurs !

Universellement ce sera l’heure,

Ce sera l'heure

Des belles fleurs

De valeur et d'odeur !

Évidemment ce va être l'heure,

Où toutes les douleurs

Se transformeront en pure douceur

Effectivement, c'est l'heure

Où tous les rudes travailleurs,

Récolteront avec joie les fruits de leurs durs labeurs.

Enfin, universellement ce sera l'heure,
Où toutes les justes lois seront infiniment en vigueur...

-L'inéchappable folie du monde !

Ici-bas tout le monde est fou

Disons qu'en ce bas monde,

C'est le combat des fous.

C'est pourquoi je m'en fous !

Vous dites qu'il est fou

Parce qu'il fait quelques choses

Que vous n'aimez pas,

Pourtant lui aussi vous voit Fou,

Parce que vous n'aimez pas ce qu'il fait.

Vous dites qu'il est fou

Parce qu'il est passionné de la musique

Pourtant il vous voit encore plus fou

Parce que vous haïssez la musique

Qui pour lui est une noble passion.

Vous dites qu'il est fou

Parce qu'il choisit d'adopter un style différent du vôtre

Et lui vous voit plus fou

Parce que vous n'adoptez vous même pas son style.

Vous voyez qu'il est fou
Parce qu'il aime une femme que vous détestez
Pourtant, c'est vous qui êtes fous
Parce que vous haïssez sa femme désirée.

Vous comprenez qu'il est fou
Parce qu'il aime le plaisir
Pourtant pour lui, c'est vous qui êtes fou
Parce que vous rejetez l'idée de plaisir.

Vous pensez qu'il est fou
Parce qu'il aime un film que vous détestez
Pourtant pour lui, c'est vous qui êtes fou
Parce que vous détestez son film préféré

Vous voyez qu'il est fou
Parce qu'il prend une décision que vous
Vous ne prendriez jamais à sa place
A lui dire ça il vous voit plus fou
Parce que vous n'appuyez pas sa décision
Qu'il trouve bien meilleure.

Vous comprenez bien qu'il est fou
Parce qu'il choisit un mode de vie différent du vôtre
Pourtant quand il regarde votre mode de vie,
Il vous voit fou,
Parce que vous vivez différemment de lui.

Vous le voyez fou,
Parce qu'il aime slamer et chanter
Pourtant, il vous voit plus fou
Rien qu'á savoir que vous n'aimez pas ces choses là.

Vous pensez qu'il est fou,
Parce qu'il s'adonne á la littérature
Pourtant, pour lui, c'est vous qui êtes fou
Parce que vous méprisez cette connaissance
Qu'il trouve belle
Et beaucoup trop sensuelle.

Quel monde de fou!
Que le monde est fou!
Vous êtes fou!
Je suis fou!
Ils sont fous!

Nous sommes tous des fous.

Vous pensez qu'il est fou
Parce qu'il adore un fruit que vous vous détestez
Pourtant lui-même vous voit plus fou
Puisque vous haïssez le fruit qu'il adore tellement.

Vous dites qu'il est fou
Parce que tout simplement il vous voit fou
Et en toute vérité vous êtes bien fou
Parce que vous voyez l'autre fou.

Il vous voit fou

Parce qu'il aime un sport que vous n'aimez pas

Cependant c'est vous qui êtes fou

Parce que vous trouvez mal, qu'il aime un sport que vous n'aimez pas

En réalité, tout le monde est fou

A l'intérieur du grand monde

Chacun a son petit monde

Et à l'intérieur de ce petit monde

Chacun a sa façon de voir les choses du grand monde

Ainsi, a chacun se perceptions

Et les perceptions nous donnent tous l'illusion

D'avoir toujours raison

Sur autrui, c'est ce qui nous rend complètement fous

Et nous sommes en effet, tous des fous

Des grands et petits fous

Folie à gauche,

Folie à droite!

Folie de haut en bas !

Folie, folie de tous ordres et de toutes catégories !

Que le monde est fou!

Quel monde de fou !

-Ma liberté ...

C'est un hymne à la liberté

Prends tout ce que tu veux de moi,

Mais n'enlève pas mon plus grand bien

Qui est donc ma liberté

Autrement dit,

Prend pratiquement mon tout,

Et laisse-moi mon seul et petit rien !

Qui n'est autre que ma liberté

Je t'en conjure!

Ma liberté est ma fierté

Grâce à elle,

Je peux chercher

Et trouver de la tranquillité,

Je dis à un ami,

Si tu veux toujours être mon ami,

Ne cherche pas à m'enfermer !

Car m'enfermer,

C'est me tuer vivant …

Remettre en question ma liberté,

C'est en grande partie m'incriminer.

Enlever définitivement ma liberté,

C'est pratiquement me torturer.

Ainsi, prends donc mon entière propriété

Et mets-moi à nu s'il le faut !

Mais ne touche pas à ma liberté !

Car ça pourra m'étouffer.

La liberté, c'est mon honneur

C'est celle qui fait réjouir mon cœur

Comment pourrais pourrais-je la négocier?

Ma liberté est ma propriété,

C'est la seule que j'ai.

Laisse-moi en profiter!

C'est ma personnalité,

Laisse-moi en conserver!

Ma liberté est ma douceur,

Laisse-moi en savourer!

Liberté, liberté ! Trois fois saintes:

Quel grand cadeau!

Et que c'est beau!

Il n'y a vraiment rien d'aussi beau

Et de plus beau

Que la liberté...

O Sacrée Liberté !

-Mon cœur est en exil

Mon cœur est en exil

Au cœur d'une pauvre Île

Où les cœurs subtils

Ne sont pas prêts d'entamer une idylle ...

Ô malheureux de cœur !

Tu es en exil,

Aux îles,

Des pas ensanglantés.

Je cueille dans chaque jardin,

Tes lauriers enjolivés,

Afin de chercher á raviver,

Les passions longtemps mortes.

Étouffées parfois dans l'œuf,

Dans une ville aux visages

Amoindries et assombries

De toutes les couleurs léthargiques...

Je revis tes doux moments,

Lorsque le soleil éclatant,

Se battait subtilement

Avec le dangereux vent,

Aux aspirations mélancoliques

Tentant d'ouvrir les portes,

Qui s'ouvrent aux désastres du néant...

Ô Pauvre cœur!

Tu es en exil,

Au cœur d'un monde débordant de haines

Et de plaisirs vilains,

Orchestrés par des génies malins.

Tu cherches la voie,

Alors que l'amour se noie.

On se berce d'illusion,

Pendant qu'il se fourvoie.

On se berce d'illusion,

Au soir tombant,

Quand la lune nous offre sa trêve,

Pour se réfugier dans son absence inconnue.

La fraîcheur des ténèbres innocentes

Nous décrit un monde attrayant

Empreinte d'obscurité- lumineuses

Mon cœur est en exil

Quand les astres radieux

Nous offrent leur splendide décoration

Dans un ciel occupé par les poétiques millénaires

Face aux jeux mil fois sanguinaires
Qui nous dérobe á chaque centenaire ...

Pauvre et tendre cœur !

Toi qui es si fragile,

Et qui depuis la nuit des temps,

Est en péril ;

Rien que parce que tu connais l'exil

Au milieu de ton Île d'amour,

Dans un décor décadent.

Où l'œil se confronte aux dents

Dans le grand accord discordant

Qu'est ce mystérieux oxymore

De la grande ordalie

Du midi et de l'éternité...

Mon cœur est en exil !!!

-Le soleil perd sa tête...

-En mémoire de tous les noirs injustement tombés sous les griffes frénétiques des vautours Blancs...

L'aigle satanique se ruait

La proie gisait solitaire,

Le pauvre nègre, hélas! Succombait,

Sous les griffes frénétiques du vautour Aryen ...

Ô frère de race !

Par ta peau d'ébène,

Tu élèves la colère

De ces esprits obscurs.

Et tu as payé de ta peau

La couleur de ta jolie peau ...

Tu vas pour un rien

Vers l'au delà incertain ...

Le maudit drapeau des préjugés de couleurs,

Se hisse en hauteur,

Pour replonger le nègre dans la profondeur

Et nous fait revoir de toutes les couleurs…

Le monde frémit
Quand les doigts malfaisants du malheur
T'éclatent monstrueusement le cœur.
Son âme gémit,
Quand surtout il entend les cris de la vie
À l'aube de la mort
Pour s'acheminer vers le néant inconnu ...

Quand ton corps part en fumée
Et fait voile vers l'est
Pour gagner le reposoir des cimetières,
Pour un silence dans la poussière...
Dans une telle indignité, le soleil se fâche,
Il perd brusquement sa tête et Sa lumière
Et du même coup,
Pense à préparer sa revanche cosmique...

Pourtant toi qui as grand cœur
Et qui sais que la vengeance
Ne mène à rien d'autre
Qu'à la destruction de la belle
Et grande race humaine,
Tu te tais,

Et laisses la pluie pleuvoir à ta place.

Car en effet,
Si mauvais et si sale
Que soit le cœur de l'homme
L'eau qui coule des ruisseaux de ton cœur
Peut le nettoyer
Et par là, permettre à la lune
De le raviver ;
Mais aussi permettre à l'humain
De recoller les morceaux
Pour enfin continuer le chemin
Conduisant au chemin
De l'amour véritable,
De la paix réelle et surtout perpétuelle ....

-La vie et la criminalité se riment

Les marchés se consument,

Et sous la brume comme des vagues qui écument,

Le pays est dans l'abîme.

Et comme ça mime,

La vie et précarité se riment...
Par des assassins aigris,
Les marchands sont brusquement appauvris.
Et les naïfs sourient,
La menace est bien réelle,
Ce symbole misérable est trop dangereux.

Le chaos est trop proche,

Le profond désespoir sillonne,

Et la bonne volonté se démissionne.

Sous ce soleil de plomb,
L'aisance se cache au fond,
Et jusqu'á nos tréfonds,
La douleur se porte au fin-fond.
Avec une politique de cons,
L'économique n'est plus fécond.

L'amour est criminellement sous les cendres,
Et qui sera notre grand Alexandre ?
La morale est sous les ruines,
Et la vie, fait très mauvaise mine...

-Mes pures folies

"Dans l'oubli s'enfonce l'oraliture,

mais au vue et au sue des générations, perpétue l'écriture ".

Comme tout autre homme,

J'ai bien aussi des folies.

Ces folies,

Je les appelle: pures folies

Elles sont mes seules envies

Vraiment, mes seuls défis

Mes vrais et grands soucis ...

Pour elles,

Je paierai n'importe quel prix

Pour celles-ci,

J'ai sacrifié ma vie

Et je continuerai á le faire tout le long de ma vie.

Mes pures folies

Sont la lecture et l'écriture

A les exercer, elles sont dures

Mais, elles nous permettent d'être mûrs,

D'avoir des idées pures.

La lecture et l'écriture,

Font de nous des valeurs sûres.

Grâce á elles, nous pouvons bien planifier notre future

Elles nous permettent d'éviter la démesure...

Grâce á la lecture

Nous maîtrisons notre culture

Quant á l'écriture,

Dans les autres cultures,

Elle nous évite les grandes erreurs de l'oraliture.

Car, dans l'oubli, s'enfonce l'oraliture,

Mais au vu et au su des générations, perpétue l'écriture ...

Oui! Vous l'écriture,

Vous êtes vous même, une structure

Grâce á vous, on conserve le passé et prospecte le futur ..

-Encre iconoclaste

-À l'attention des détracteurs

Quelque peu sensuelle,
Et volontairement non sensationnelle
J'apporte une poésie essentielle
Au plus haut point existentielle.
Notre mission, est sans doute passionnelle :
Il faut poétiser pour changer.
C'est là, notre ritournelle !
Point de vulgarité !
Point d'opiniâtreté !
Que d'essentialité !
Et d'objective pensée sentinelle ;
Notre poésie est hautement essentielle.
Partant elle est contextuelle
Animée et fondée sur les agrégats conceptuels.
Ma plume est critique,
Mes vers sont techniques,
Et les idées qu'elles véhiculent sont tactiques.
Car elles mettent bien à nu, le tragique
Je sais que je suis en train de faire,

Quelques choses qui ne vous feront point taire.

Oui ! Quelque chose d'iconoclaste

Qui attaquera les sectes et les castes

Et c'est certain qu'il accouchera des remous

Et attaquera sans aucun doute les tabous ...

-La lune perd ses yeux

Sous un nuage épais,

D'un ciel sans couleur,

Le Soleil est abject et effrayant

La lune perd ses brillants yeux

Et l'atmosphère sent mauvais

L'odeur est irritante

Le flair du mal est insistant

Et persiste jusqu'á réveiller

Le Dieu du bien dans son lit.

L'alarme retentit :

Maudit, soit le jour ayant le glaive pour l'innocent !

Maudit, soit la nuit qui a la couleur du sang !
Ô féroce douleur !

Ô criminel malheur !

Qu'a-t-on donc fait

Pour que tout de mauvais,

Nous est fait ?

Qu'as-tu donc avec Haïti?

Pourquoi t'en veux- tu autant á ma chère patrie ?

Je n'en dirai pas plus,

Je n'en peux vraiment plus...

Hélas, Haïti est mal- fichu

-A la faveur du soleil

À la tombée de l'aube

Le soleil tout petit se mue,

Sa vive lueur,

Arpente les plus profonds recoins.

Il nous guette,

Nous surveille et en même temps nous désinfecte.

Ce divin éclaireur

Qui nous offre son éclatante lumière

Est ce vers quoi, tend tout notre être

Son inépuisable énergie nous arpente en profondeur.

Comme je le sens dans mes tripes,

Ce fameux protecteur mythique !
Chaque matin, je me lève sous son regard
Comme un enfant, je me tiens à son égard.
Je me conforte en son sein
Et sous ses ailes bienfaitrices, se repose tout mon dessein.

La terre est son enceinte,
Mais il a encore d'autres demeures ;
Il demeure dans les profondeurs
Comme il existe dans les hauteurs ...

Il est,
Et il sera à tout jamais...

-Ma sensuelle violence

Pardonne ma passion d'insistance
Pardonne mon insolence
Pardonne ma sereine résistance
Pardonne ma grande concupiscence
Pardonne ma sensuelle violence
Pardonne ma sensuelle grandiloquence
Pardonne mon inconséquence
Pardonne mon amour de science
Pardonne mon affection de bon sens

Pardonne mes paroles d'incompétence
Pardonne mon amour intense
Pardonne mes désirs de transparence
Pardonne ma sensuelle violence
Pardonne ma pauvre éloquence
Pardonne ma longue patience
Pardonne mon amour d'ignorance
Pardonne ma passion d'offense
Pardonne ma pénitence
Pardonne mes caresses de non-sens
Pardonne ma stupide élégance
Pardonne mes vieilles carences

Pardonne, pardonne encore ma sensuelle violence ...
Pardonne, je t'en prie !

-Quel terrible itinéraire !

"*Quel terrible itinéraire, orchestré par les descendants directs de Mao,de Staline et de HITLER* "

A chaque foutu centenaire,

Comme sous l'effet d'un coup de tonnerre

Les malheureux fils de la terre

Tombent comme des sordides mégères...

Ils S'effacent comme l'éclair,
Pour enfin regagner la poussière,
De la plus horrible des manières.
Quel terrible itinéraire !

Comme c'est forfaitaire!
Que L'existence soit si tortionnaire,
Envers les enfants planétaires.
Les traques funéraires,
Secouent beaucoup trop notre terre ...

La nature est très amère,
Il n'est plus pour nous, cette aimante mère
Et encore moins le tendre Père
Qu'était ce bon et favorable univers ...

La mort nous fait atrocement la guerre.
Et il ne sera plus guère,
Comme il a été de la vie d'hier.
À cause de ces monstrueux caractères,
Descendants directs de STALINE et de HITLER
La violence atomique est totalitaire.

Les humains ne sont plus solidaires,
Les comportements sont on ne peut plus suicidaires.
On se méfie même de l'air,
Et la confiance se fait de plus en plus réfractaire.

Il est plus que clair
Que les fléaux exercent leur cinglante et sanglante folie lapidaire,
Alors, méfions-nous des dangereux vaccins soit disant vitalitaires
Car, les intentions sont au plus haut point génocidaires...

Les pauvres passagères,
Séduites par les promesses mensongères,
Se prenant pour des sédentaires,
Sont malheureusement sous l'emprise des chimères,
On ne peut plus mortifères;
C'est allant de soi, nous vivons actuellement en enfer ...

Dans un monde où la survie est guerrière,
Au sein de cette voûte circulaire,
Où tout touche l'arbitraire,
La vie devient si précaire,
Que même la plus pauvre chair
Est sous l'horrible menace du nucléaire...

Comme c'est légendaire!

Ça parait presqu'inimaginaire,

Que les humaines affaires

Soient réglées par des mercenaires,

Au plus haut point sanguinaires...

Quel terrible itinéraire !

-Vers l'inhabituel du mystère...

Marchant sur le long des rives de la vie
J'ai pu toucher le firmament
Me permettant de porter un regard habituel
Arguant les rouages de l'inhabituel du mystère ...

Sur l'autre rive du fleuve
Je vois l'eau des êtres qui s'émeuve
J'ai eu tout de suite l'aperçu
De ce qui m'a longtemps été perçu

Dans ce vaste paysage lointain
J'ai pu répondre à l'appel du lointain
En découvrant la face abrupte du familier
Là où l'espace et le temps se font jour et nuit, lier ...

C'est un mont inordinaire
Où les étoiles gisaient, silencieuses
Chaque pas nous approchait, solitaire
Vers la toute cité merveilleuse ...

-Dans la foudre poétique

Les yeux ruaient, les pieds mouvant

L'étoile polaire scintille, solitaire

Dans cette foudre poétique

L'âme cherche sans cesse, la boule magique.

Quand la vérité se dévoile

Dans toute sa splendeur

Sans négliger sa profondeur,

La noirceur du mensonge se distillera,

Et toute sa violence obscure s'éclipsera ...

L'âme du monde sera dépouillée de ses gangues

Et son bel esprit se passera de ses harangues.

Comme le sable mouvant

L'esprit obscur est harassant

Telles des malheureuses ténèbres

Frappant en plein midi

Pour contrarier et occulter le jour

Dans ses heures, les plus manifestes...

La lune rougit,

Quand le ciel des idées est sombre

Il pâlit quand les astres luminaires

De la conscience se noient dans la grève.

La source de la vie tarit,

Et tout semble interdit,

Quand la vérité s'est fait salir

Par le mensonge destructeur des idées,

Et de la matérialité même de l'amour des sens,

Accoucheur de bon sens,

Et de sublime vérité et sentimentalité...

Quand l'astéroïde de l'immoralisme se percute

L'espèce gisait, trottoirs solitaires !

O combien, les villes sont fantômes !

La vie nous offre sa peureuse trêve

Et la foudre pandémique frappe sans réserve…

Telle une avalanche,

Le chevalier de la mort tient haut la manche ;

Et dans l'hécatombe

Point besoin de construire de nouvelles tombes

Dans cet éternel présent

Où il n'ya point de'' présents''

Et où l'on ne peut compter que sur le présent

Le jour est trop pesant,

Même l'oxygène devient malfaisant

La hache du malheur, nuit et jour s'exécute,

Et l'astéroïde de l'immoralisme se percute ;

Et dans l'ombre sont lancées, de sales et destructrices bombes.

Quel foutu nihilisme !

Dans l'enceinte même du vitalisme.

Dans cette quarantaine longtemps planifiée

Et beaucoup trop bien calculée,

Les rapports humains de plus en plus, se refroidissent ;

Les malversations de tout accabit s'agrandissent,

Et l'âme du monde reste fort obnubilée…

Quel malheureux présage !

Quand malheureusement l'astéroide de l'immoralisme se percute …

-La floraison poétique

Heureusement le jardin de la poésie fleurit encore !

Ce jardin est très vert,

Il fleurit en son âme et son corps

Et fructifie en prose et en vers ...

Ses feuillages verdoyants redonnent goût à l'espérance,

Les écorces de ces arbres alimentent la joie

Et leurs doux fruits stimulent, l'organisme de l'imagination ...

Heureusement nous avons ce richissime jardin

Qui nous prolifèrent des suaves produits,

Quand la faim de l'écrit envahit notre plume

Sur le grand terrain de nos cœurs,

Il injecte une semence inépuisable

Portant le sacré nom de l'amour.

Son engrais inspiratif

Pousse l'herbe des lettres

Et grandit sans cesse les arbres éternels

Dans le grand ciel de la littérature.

Ce jardin qui est le jardin

De presque tous les jardins,

Nous sourit surtout quand le visage

De notre encre chancelante

Blêmit sur la toile fâcheuse

Des difficultés de l'existence.

Heureusement, la poésie comme jardin infini

De l'humanité sentimentale fleurit encore !

Heureusement, la poésie fleurit encore !

Oui, heureusement que ce grand jardin,

Source intarissable d'énergie inspirative

Et de l'eau contemplative de la nature,

Qui nous permet d'étancher notre soif

Quand la chaleur de l'angoisse

Veut impitoyablement nous étouffer, fleurit encore !!!

Heureusement nous avons ce jardin poétique

Suspendu au cœur de l'humanité

Qui est là pour nourrir notre esprit

Quand la famine s'arroge le vilain droit

D'y prendre place !

Oui, ce grand jardin

Aux matières organiques

Sans en contenir les dangereux engrais chimiques

Pouvant mener à la destruction du métabolisme cognitif,

Heureusement, il fleurit encore !

Heureusement le merveilleux jardin poétique fleurit

Et fleurira encore et encore!

Heureusement le flamboyant jardin poétique fleurit encore !

Oui ce grand jardin florissant

Dont la hâche ne lâche

Dans sa grande et indomptable tâche

Afin d'éliminer les ronces

Empêchant aux arbres utiles de la création

D'apporter légitimement fruit

Au vaste pays des lettres.

Heureusement, la poésie comme jardin fleurit encore !

Heureusement la poésie fleurit encore !

Malgré les nombreuses sécheresses

Qui taraudent l'âme de la terre,

Où prend fond ce grand et inaltérable jardin poétique.

Malgré vents et marées le jardin fleurit encore,

Et continue de proférer des fruits de l'esprit,

Et pour l'esprit afin de permettre une vie

Dans le monde littéraire dans toute sa plénitude.

Heureusement, ce fameux jardin fleurit encore !

Heureusement, nous avons ce grand et valeureux jardin

Qui nous enseigne la vertu existentielle

À travers la fraicheur et la paix

Qu'il nous vomit par rapport aux branches

Qui nous couvrent et sous lesquelles

On ressent une joie

Et une tranquillité indicible et inimaginable.

Heureusement le jardin poétique existe et fleurit encore !

Heureusement, nous avons ce grand et prolifique jardin

Qui pousse des arbres par millier

Dans notre terre malgré tous les dangers

Qui nous rôdent autour,

Il nous permet de cueillir les fleurs

Qui nous insufflent l'espérance,

Les graines de l'amour,

Et les grands et intemporaires fruits de l'existence.

Heureusement le grand jardin poétique fleurit et fleurira encore !

Heureusement l'infatigable ***Tchad Fausny***,

627 des lignées de "***Jean- Mary*** "

Résiste et persiste encore et encore

Sur cette route qui mène directement

À ce grand jardin qui nous réinvente la vie

Et fait le serment de nous protéger

Et émerveiller jusqu'au bout ...

Fort heureusement, le jardin poétique fleurit encore,
Et fleurira toujours !!!

-Là où je vais

-(A l'au delà après la mort)

Là où je vais

Je serai très en paix

Plus que n'importe quel autre endroit où je serais

Mon corps, mon esprit n'auront plus de plaies

Je serai absolument frais

Parce qu'ici- bas, j'avais déjà payé les frais.

Je n'aurai plus vraiment á me soucier des mets

Pour moi, il n'y aura plus de " ***si je savais***"

Et encore moins de " ***si je pouvais''***

J'assisterai á des malheurs plus jamais

J'aurai certainement un plus joli portrait

Et sur les choses matérielles, je passerai á tout jamais

Un très grand trait ...

Aujourd'hui Dieu seul sait

Le moment où je m'en irais

Dans ce grand et paradis vrai

Vraiment lá- bas, il n'ya que des vrais

On trouvera tout pour rien pour jamais...

Là où je vais

On n'aura pas besoin de valets

Pour surveiller le palais

Et non plus de pistolets

Oh oui! Ce sera un bel et très grand trajet

Où je n'aurai pas besoin de billets

Pour voyager frais

Comme un bijou dans brillant coffret.

Mais, c'est encore un grand secret

Car, c'est Dieu seul qui sait

Quand je serai prêt

Quand mon esprit et mon âme seront nets

Pour enfin entrer dans son palais.

Dans mon cœur, c'est le plus grand projet :

Partir, partir pour jamais !

En effet, Je vais me souvenir du temps que je perdais

Des superflues dont je guettais

Des femmes que je pourchassais

Et enfin des vents que je courais après...

Il n'ya pas de cause sans effet,

Comme ça j'irai donc voir ce que j'avais fait

Je vais certainement récolter ce que je semais

Oui! J'irai profiter de ce que je construisais…

Je suis donc patient !

Oui ! L'heure, le jour viendront,

Où je m'en irai pour de bon…

(C'est un hymne au phénomène appelé couramment la mort)

Printed by Books on Demand GmbH, Norderstedt / Germany